Anika Weller

Rassetheorien des 18. Jahrhunderts

GRIN Verlag

Bibliografische Information der Deutschen Nationalbibliothek:

Die Deutsche Bibliothek verzeichnet diese Publikation in der Deutschen National-
bibliografie; detaillierte bibliografische Daten sind im Internet über http://dnb.d-
nb.de/ abrufbar.

Impressum:

Copyright © 2008 GRIN Verlag GmbH
Druck und Bindung: Books on Demand GmbH, Norderstedt Germany
ISBN: 978-3-640-58651-6

Dieses Buch bei GRIN:

http://www.grin.com/de/e-book/146922/rassetheorien-des-18-jahrhunderts

GRIN - Your knowledge has value

Der GRIN Verlag publiziert seit 1998 wissenschaftliche Arbeiten von Studenten, Hochschullehrern und anderen Akademikern als eBook und gedrucktes Buch. Die Verlagswebsite www.grin.com ist die ideale Plattform zur Veröffentlichung von Hausarbeiten, Abschlussarbeiten, wissenschaftlichen Aufsätzen, Dissertationen und Fachbüchern.

Besuchen Sie uns im Internet:

http://www.grin.com/

http://www.facebook.com/grincom

http://www.twitter.com/grin_com

Referatsausarbeitung zum Thema

Rassetheorien des 18. Jahrhunderts

Seminar: *Transkulturelle Literaturwissenschaft I – 18.Jh.; SS 2008*
                              Referentin: Anika Weller

1. Der Begriff der „Rasse"

Im deutschen Wörterbuch findet sich unter „Rasse" folgender Eintrag:

> *„1 [Biol.] Population innerhalb einer Art mit gemeinsamen erblichen Merkmalen*
> *2a) [Anthropologie] Gruppe von Menschen mit gemeinsamen erblichen Merkmalen*
> *b) [Pol.; rechtsradikal] Begriff zur Ausgrenzung bestimmter ethischer, religiöser u. sozialer Gruppen."[1]*

Mit den drei Definitionen ist auch schon die Entwicklung des Begriffes angerissen, die er seit den ersten Dokumentierungen über seinen Gebrauch durchlaufen hat.

Die Herkunft des Wortes ist nicht eindeutig geklärt, so kann man es einerseits z.b. genealogisch von dem lateinischen „radix" (Wurzel) ableiten, aber auch von „generatio" oder „ratio" (Wesen, Natur, Art)[2]. In den romanischen Sprachen ist „Rasse" seit dem 13. Jahrhundert belegt, etabliert sich aber erst im Laufe des 16. Jahrhunderts, wo es dafür verwendet wird, die Abstammung von einer Familie auszudrücken, dabei insbesondere für die Beschreibung ähnlicher Merkmalen bei Haustieren. So taucht es vor allem in der Pferdezucht häufig auf, wo mit „Rasse" sowohl die Zugehörigkeit zu einer bestimmten Herde ausgedrückt wird, als auch das Merkmal einer hohen Qualität und die Eignung zum Zuchttier[3].

Parallelen zu dieser Verwendung im Bereich der Tiere (siehe Punkt 1 der Definition aus dem dt. Wörterbuch), finden sich auch im Bezug auf Menschen. In diesem Zusammenhang verwendet man im 16. Jahrhundert „Rasse" wie bei den Tieren nicht nur zur Bestimmung der Zugehörigkeit zu einem Geschlecht (siehe Punkt 2a der Definition), sondern betont dabei auch das Edle dieser Zugehörigkeit durch die dem Wort implizite Vorstellung einer langen, noblen Ahnenreihe bzw. eines Herrschergeschlechtes (und die damit verbundene Qualität; siehe Zuchtpferde)[4].

Neben dem durch den Kolonialismus vermehrt auftretenden Kontakt Europas mit fremden Kulturen, sowie dem starken Willen zur Ordnung aller neuen Entdeckungen und Erfahrungen aufgrund der voranschreitenden Säkularisierung der Wissenschaft sind vor allem zwei historische Begebenheiten zu nennen, die den Rassebegriff stark beeinflusst haben:

Auf der einen Seite treten durch die erfolgreich beendete spanische Reconquista mit dem Zwangsbekehrungsedikt die Juden und Mauren als eigene, sich von den Europäern

---

[1] Bünting, Karl Dieter: *Deutsches Wörterbuch.* Isis Verlag AG, Chur/Schweiz, 1996.
[2] Brunner, Otto; Conze, Werner; Koselleck, Werner: *Geschichtliche Grundbegriffe. Historisches Lexikon zur politisch-sozialen Sprache in Deutschland. Band 5.* Klett-Verlag GmbH & Co. KG, Stuttgart, 1984. S.137.
[3] Ebd., S.139.
[4] Ebd., S. 137f.

unterscheidende Rasse ins Bewusstsein der Menschen (mit der dazugehörigen Diskriminierung der Juden und Mauren, da die nationalen Erneuerung die *limpieza de sangre* (Reinheit des Blutes) impliziert; siehe Punkt 2b) der Definition)[5].

Auf der anderen Seite versucht während der Adelsdiskussion in Frankreich der Geburtsadel das Aufsteigen des Amtsadel in den eigenen Stand zu stoppen, indem er sich auf seine Abstammung beruft (Blut/Abstammung vs. Leistung)[6]. Dadurch erfolgt eine soziale, hierarchische Einordnung von Menschen in einen Stand inklusive ihrer damit verbundenen Auf- bzw. Abwertung. Diese Wertung konkretisiert sich zunehmend im Laufe des 17. und 18. Jahrhunderts und schlägt sich in den dort entstehenden Rassetheorien nieder.

2. Der Vorreiter im 17. Jahrhundert – Francois Bernier

Durch den Kolonialismus Europas wächst das Material über Beobachtungen von und Erfahrungen mit Menschen fremder Kulturen aus anderen Erdteilen. Dem französischen Arzt und Forschungsreisende *Francois Bernier* (1620-1688) gelingt es, das vorhandene Material zu ordnen und er verwendet in seiner 1684 publizierten Arbeit *Nouvelle division de la Terre, par les differentes Espèces ou Races d'hommes qui l'habitent* (neue Einteilung der Erde nach den verschiedenen Arten oder Rassen, die sie bewohnen) als erster den Rassebegriff, um die Menschen der verschiedenen Kontinente in vier Großgruppen zu unterteilen.

Dabei benutzt er den Begriff *race* (Rasse) gleichbedeutend mit *espèce* (Spezies) und bezieht sich explizit auf die Klima-Theorie, indem er die Großgruppen von Menschen geografisch eingrenzt und sie nach somatischen Kriterien einteilt, ohne den einzelnen Gruppen jedoch bestimmte Namen zu geben. Er unterscheidet folgende vier Rassen: *Europäer* (inklusive Ägypter und Inder), *Afrikaner, Chinesen und Japaner* und die *Lappen*, wobei er die letzteren als „*vilains animaux* (garstige Tiere) mit Bärengesichtern"[7] bezeichnet. Die Bewohner Amerikas ordnet er keiner besonderen Gruppe zu, sondern rechnet sie zu den Europäern.

Indem er sich auf die Klimatheorie bezieht, geht Bernier von einer monogenetischen Grundannahme aus, d.h. er vertritt die Vorstellung, dass alle Menschen von einem Vater abstammen und ihr unterschiedliches Äußeres auf äußerliche Einwirkungen wie das Klima

---

[5] Fredrickson, George M.: *Rassismus. Ein historischer Abriss.* Hamburger Edition HIS Verlagsgesellschaft, Hamburg, 2004. S.45.
[6] Brunner et al., S.140f.
[7] Ebd., S.142.

zurückzuführen sei. Dies zieht jedoch unweigerlich die Frage nach sich, welche Stellung der Mensch zum Tierreich einnimmt[8].

3. Rassetheorien des 18. Jahrhunderts

Dieser Frage geht der Botaniker und Gründer der Klassifikation, *Carl von Linné* (1707-1778), in seiner *Systema Naturea* nach. Dabei handelt es sich um eine tafelartige Übersicht, in der er 1735 als erster nach Aristoteles wieder den Menschen in das Tierreich einordnet. Dort steht die Spezies *homo* (Mensch) an der Spitze der Menschenähnlichen und wird in vier verschiedene Formen aufgeteilt: *Europaeus albescens, Americanus rubescens, Asiaticus fuscus* und *Africanus niger*[9].

In der ersten Auflage herrschen noch zoologische Kriterien wie Vorkommen und Hautfarbe vor, deren Unterschiede er dem Klima zuschreibt. Damit gibt er lediglich die empirisch unbestreitbare Erfahrung und die Tatsache wieder, dass es Großgruppen unterschiedlich aussehender Menschen gibt. Bereits in der 10. Auflage jedoch gewinnen neben den somatischen Kriterien geistig-kulturelle Eigenschaften an Gewicht, die gleichrangig zu den zoologischen Kriterien hinzutreten. „Die Schilderung seiner Varietäten bezieht sich jetzt sowohl auf Hautfarbe, Haare, Augen, Nase wie Körperhaltung, Charakter, Temperament und Geist, als auch auf die Kriterien *egitur* und *regitur*, Kleidung und Sitte"[10].

Im Einzelnen sieht seine Zuordnung folgendermaßen aus:

- *Europaeus: albus, sanguineus, torosus; regitur ritibus* (weiß, sanguinisch, muskulös; von Gesetzen regiert)
- *Americanus : rufus, cholericus, rectus; regitur consuetudine* (rot, cholerisch, aufrecht; von Gebräuchen regiert)
- *Asiaticus : luridus, melancholicus, rigidus; regitur opinionibus* (gelb, melancholisch, steif; von Ansichten regiert)
- *Africanus: niger, phlegmaticus, laxus; regitur arbitrio* (schwarz, phlegmatisch, schlaff; von Willkür regiert)[11]

---

[8] Zu Bernier siehe Brunner et al.; S.142ff.
[9] Ebd., S.145.
[10] Ebd. S.145. Hervorhebungen im Original.
[11] Rohrmann, Eckhard: *Mythen und Realitäten des Anders-Seins. Gesellschaftliche Konstruktionen seit der frühen Neuzeit.* VS Verlag für Sozialwissen / GWV Fachverlage GmbH, Wiesbaden, 2007. S.83.

Mit der Zuschreibung charakterlicher Eigenschaften und dem Ordnungsprinzip *regitur* erfolgt unter Linné eine eindeutige Wertung der verschiedenen Rassen, was in Verbindung mit den unbestreitbar verschiedenen biologischen Eigenschaften einer Rasse die Grundsteinlegung zum modernen Rassismus bedeutet.

An Linné knüpft *George Louis Leclerc, Comte de Buffon* an. Auch er bleibt in seiner *Histoire naturelle de l'homme* (Naturgeschichte des Menschen) bei der monogenetischen Grundannahme und konstatiert, dass alle Menschen von einer Unterfamilie abstammen und sich sämtliche Varietäten im Laufe der Jahrhunderte durch natürliche Einwirkungen herausgebildet haben. Bei seiner Klassifizierung hebt er – noch ohne genauere Begründung allerdings – die europäische Rasse als die beste und schönste vor den anderen dreien hervor[12].

Ebenso lobt *Immanuel Kant* (1724-1804) die weißen Völker, die „zu allen Zeiten die anderen belehrt und durch die Waffen bezwungen"[13] haben:

> „*Die Negers von Afrika haben von der Natur kein Gefühl, welches über das Läppische steige. [...] [Es ist] nicht ein einziger jemals gefunden worden, der entweder in Kunst oder Wissenschaft oder irgend einer anderen rühmlichen Eigenschaft etwas Großes vorgestellt habe, obgleich sich unter den Weißen beständig welche aus dem niedrigsten Pöbel empor schwingen und durch vorzügliche Gaben in der Welt ein Ansehen erwerben. [...] Der Neger kann diciplinirt und cultivirt, niemals aber ächt civilisirt werden. Er verfällt von selbst in die Wildheit. Alle racen werden ausgerottet werden (Amerikaner und Neger können sich nicht selbst regieren. Dienen also nur zu Sclaven), nur nicht die der Weissen.*"[14]

Nur die Europäer sind Kant zufolge in der Lage Kulturleistungen zu erbringen, allen anderen Rassen unterstellt er Dummheit und Unzivilisiertheit und die damit verbundene Versklavung durch die (intelligente, zivilisierte, aufgeklärte) weiße Rasse und die baldige Ausrottung.

Der Abstand zwischen den weißen Europäern und den sog. Primitiven, d.h. außerhalb Europas beheimateten Rassen wird sichtlich größer und der zwischen eben jenen Rassen und den Tieren immer kleiner[15].

Johann Friedrich Blumenbach (1752-1840), Professor der Medizin in Göttingen und Begründer der Kraniologie, die er „als klassifizierendes Messverfahren in die Rassen-

---

[12] Zu Buffon siehe Brunner et al., S.146f.
[13] Ebd., S.148.
[14] Rohrmann; S.86.
[15] Zu Kant siehe Brunner et al., S.147ff.

Anthropologie einführte"[16], modifiziert die Ordnung von Linné und hält dabei weiterhin an der Klimatheorie fest. Als Anhänger der Schöpfungstheorie gibt es auch für ihn nur eine Gattung Menschen, die alle von Adam abstammen (monogenetische Grundannahme). Er unterteilt in *De generis humanis varietate nativa* (Über die Verschiedenheiten des Menschengeschlechts) die Menschen in fünf verschiedene Rassen:

- *„Kaukasisch:* ursprünglichste und größte Rasse; Europäer, Asiaten diesseits des Obi, Ganges und Kaspischen Meeres, Nordafrikaner, Grönländer, Eskimos; weiße Farbe, schön, gebildet
- *Mongolisch:* übrige Asiaten; gelbbraun, dünnbehaart, platte Gesichter, kleine Augen
- *Äthiopisch:* übrige Afrikaner; schwarze Farbe, wollichtes Haar, stumpfe Nase, aufgeworfene Lippen
- *Amerikanisch:* übrige Amerikaner; rote Farbe
- *Malayisch:* Australasiaten und Polynesen; schwarzbraun, breitnasig, stark behaart"[17]

Wie man der Merkmalszuordnung entnehmen kann, besteht auch für ihn kein Zweifel daran, dass die europäische Rasse – also die Kaukasier – allen anderen Rassen überlegen ist, denn sie

„erhielt ihren Namen von dem Berge Kaukasus[18], weil die ihm benachbarten Länder [...] von dem schönsten Menschenstamme [...] bewohnt sind; und weil alle physiologischen Gründe darin zusammenkommen, dass man das Vaterland der ersten Menschen nirgends anderswo suchen könne als hier. [Es] hat dieser Stamm [...] die schönste Schädelform, aus welcher [...] die übrigen, bis zu den zwei äußersten Extremen (der mongolischen auf der einen Seite und äthiopischen auf der anderen) [...] entsprungen sind. Dann ist dieser Stamm von weißer Farbe, welche wir ebenfalls für die ursprüngliche, echte Farbe des Menschengeschlechts halten können."[19]

Dass die europäische Rasse die schönste sei, begründet er damit, dass die Gesichter dieser Menschen in ihrer Symmetrie dem Schönheitsideal, sichtbar an den göttlichen Werken der Griechen, am nahesten kämen. Und ein solches Gesicht könne natürlich eher in gemäßigten Klimazonen entstehen als unter extremen Temperaturen[20].

Einen ähnlichen Ansatz verfolgt auch *Christoph Meiners* (1747-1810) in seinem *Grundriss zur Geschichte der Menschheit*. Als erster stellt er den Bezug zur Geschichte her mit der Forderung, dass ihr Hauptgegenstand der Mensch mit seinen Taten und alles, was ihn umgibt, sein solle. Neu an diesem Ansatz ist sowohl der erstmals verwendete Begriff der

---

[16] Ebd., S.149.
[17] Rohrmann; S.84.
[18] siehe die griechische Sage um Prometheus
[19] Brunner et al., S.149f.
[20] Zu Blumenbach siehe Brunner et al., S.149f.

7

Menschheitsgeschichte, also die explizite Verknüpfung des Menschen mit der Historie, als auch der direkte Bezug des Menschen zu der ihn umgebenden Natur/Umwelt. Bei der Betrachtung des naturbedingten Menschen geht es Meiners sowohl um Sitte und Geist, als auch um den Körper, wobei er seine Erklärungen dazu benutzt, die Überlegenheit der kaukasischen Rasse zu begründen. Dabei tut er allerdings die monogenetische Grundannahme ab und erklärt,

> *„dass das gegenwärtige Menschengeschlecht aus zwei Hauptstämmen bestehe, dem tatarischen oder kaukasischen und dem mongolischen Stamm: dass der letztere nicht nur viel schwächer von Körper und Geist, sondern auch viel übel geratener und tugendleerer, als der kaukasische sei: dass endlich der kaukasische Stamm wiederum in zwo Rassen zerfalle, in die keltische und slawische, unter welchen wiederum die erstere am reichsten an Geistesgaben und Tugenden sei."*[21]

Deutlich lobt er den kaukasischen Stamm und innerhalb von ihm besonders den keltischen, bestehend aus Germanen und Romanen, während er den mongolischen Stamm herabwürdigt („tugendleer" und „übel geraten"). Dabei definiert er die verschiedenen Rassen als eine Einheit aus Körper, Charakter, Sitte und Geist (intellektuelle Fähigkeiten), verbindet also untrennbar (tatsächliche) biologische Kriterien mit (subjektiven, wertenden) charakterlichen und kulturellen Eigenschaften.

Die Ungleichheit der Rassen und Varietäten und damit auch der je zugehörigen Nationen ist für ihn das Ergebnis der Naturgeschichte. Der Europäer ist seinen Ausführungen nach von Natur aus von edlerem Stamm, hat den schönsten Körper, den besten Charakter, den höchsten Intellekt. Seine Führungsrolle begründet sich in seiner Rassenzugehörigkeit, denn die kaukasische Rasse sei vor allem deshalb frei und herrschend und andere müssten ihr dienen, weil die europäischen Nationen empfänglicher für die Aufklärung seien als andere. Rasseunterschiede und gesellschaftliche Stufungen gehören für Meiners untrennbar zusammen, eine Gradation der Gesellschaft wird eindeutig bejaht und der Begriff der Rasse als ein Verbund objektiver (Körperbau) und subjektiver Merkmale (Charakter, Sitte, Intellekt) dient als grundlegender Erklärungsfaktor und Begründung für eben diese Gradation[22].

Mit Meiners Definition von Rasse und seiner Theorie über die Menschheitsgeschichte erreichen die Rassetheorien und das Voranschreiten des Rassismus einen ersten Höhepunkt im 18. Jahrhundert.

---

[21] Ebd., S.151.
[22] Zu Meiners siehe Brunner et al., S.150ff.

4. Das Anknüpfen an die Rassetheorien im 19. Jahrhundert

Abschließend ist noch *Carl Gustav Carus* (1798-1869) zu erwähnen, der an Blumenbachs Gliederung der Menschenrassen anknüpft. Er reduziert jedoch Blumenbachs fünf Rassen in seinem Werk *Über die ungleiche Befähigung der verschiedenen Menschenstämme für höhere geistige Entwicklung* auf vier und ordnet ihnen planetarische Zustände zu:

> *Mongolisch:* Rasse des Morgenrots; Gelbe
> *Kaukasisch:* Tagrasse; Weiße
> *Amerikanisch:* Rasse der Dämmerung; Rote
> *Äthiopisch:* Nachtrasse; Schwarze[23]

Auch für ihn ist eine Ungleichwertigkeit der Rassen – wobei die Weißen die Führungsposition aufgrund ihrer hohen (der höchsten) Geistesentwicklung einnehmen – selbstverständlich: „alle Vorzüge der Tagvölker [geben ihnen] das Recht, sich als eigentliche Blüte der Menschheit zu betrachten. Die höchstbegünstigten Völker des europäischen Stammes [sind] Deutsche, Engländer und Franzosen."[24]

Bereits in dem Titel seines Werkes schwingt die Aufwertung der europäischen und die Abwertung anderer Rassen mit, indem er impliziert, dass Nicht-Europäern eine geringere „geistige Befähigung für höhere geistige Entwicklung" gegeben sei. Hier findet sich rassistisches Gedankengut also nicht mehr nur *im* Werk, sondern bereits explizit und für jeden sichtbar und lesbar auf dem Einband wieder.

5. Fazit

Der Mensch ist das einzige Lebewesen, dem das Privileg zukommt, sich selbst zu klassifizieren. Dabei ist es nur natürlich, dass man sich selbst bei dieser Klassifikation als den Normalfall darstellt und vorwiegend gute Eigenschaften zuschreibt, wodurch sich für alle übrigen notgedrungen die Kategorie des Anderen, des Abweichenden ergibt, das – logischerweise – die schlechteren Eigenschaften abbekommen muss.

Dieses Phänomen findet seine Belege in den im 18. Jahrhundert entstandenen Rassetheorien, beginnend bei Linné über Blumenbach bis hin zu Meiners, der sie mit Carus zusammen auf die Spitze treibt.

---

[23] Geiss, Imanuel: *Geschichte des Rassismus*. Suhrkamp Verlag, Frankfurt a. M., 1988. S.143.
[24] Brunner et al., S.154. Zu Carus siehe Brunner et al., S.153f.

Das Problem an diesen Theorien ist nicht, dass die empirisch unbestreitbaren Unterschiede zwischen Menschen katalogisiert und Menschen ihnen entsprechend in bestimmte Großgruppen eingeteilt werden. Rassistisch werden diese Theorien erst dann, wenn sie die biologischen Unterschiede mit intellektuellen und kulturellen Fähigkeiten verbinden und aufgrund dieser Konstruktion eine Hierarchie der verschiedenen Rassen einführen. Denn auf diese Weise wird der Vorgang der Klassifikation naturwissenschaftlich begründet, verbirgt aber die Tatsache, dass das Anders-Sein subjektiv und sozial konstruiert wird, indem die Klassifikation nicht mehr nur naturwissenschaftlichen Kriterien folgt, sondern diese mit wertenden, subjektiven Eigenschaften verschmolzen und daraus die unterschiedlichen Rassen konstruiert werden. Und eine solche Hierarchisierung beruhend auf einer derartigen Definition von Rasse ist eindeutig rassistisch und nicht vertretbar.

6. Literaturverzeichnis

Brunner, Otto; Conze, Werner; Koselleck, Werner: Geschichtliche Grundbegriffe. Historisches Lexikon zur politisch-sozialen Sprache in Deutschland. Band 5. Klett-Verlag GmbH & Co. KG, Stuttgart, 1984.

Bünting, Karl Dieter: Deutsches Wörterbuch. Isis Verlag AG, Chur/Schweiz, 1996.

Fredrickson, George M.: Rassismus. Ein historischer Abriss. Hamburger Edition HIS Verlagsgesellschaft, Hamburg, 2004.

Geiss, Imanuel: Geschichte des Rassismus. Suhrkamp Verlag, Frankfurt a. M., 1988.

Geulen, Christian: Geschichte des Rassismus. Beck, München, 2007.

Rohrmann, Eckhard: Mythen und Realitäten des Anders-Seins. Gesellschaftliche Konstruktionen seit der frühen Neuzeit. VS Verlag für Sozialwissen / GWV Fachverlage GmbH, Wiesbaden, 2007.